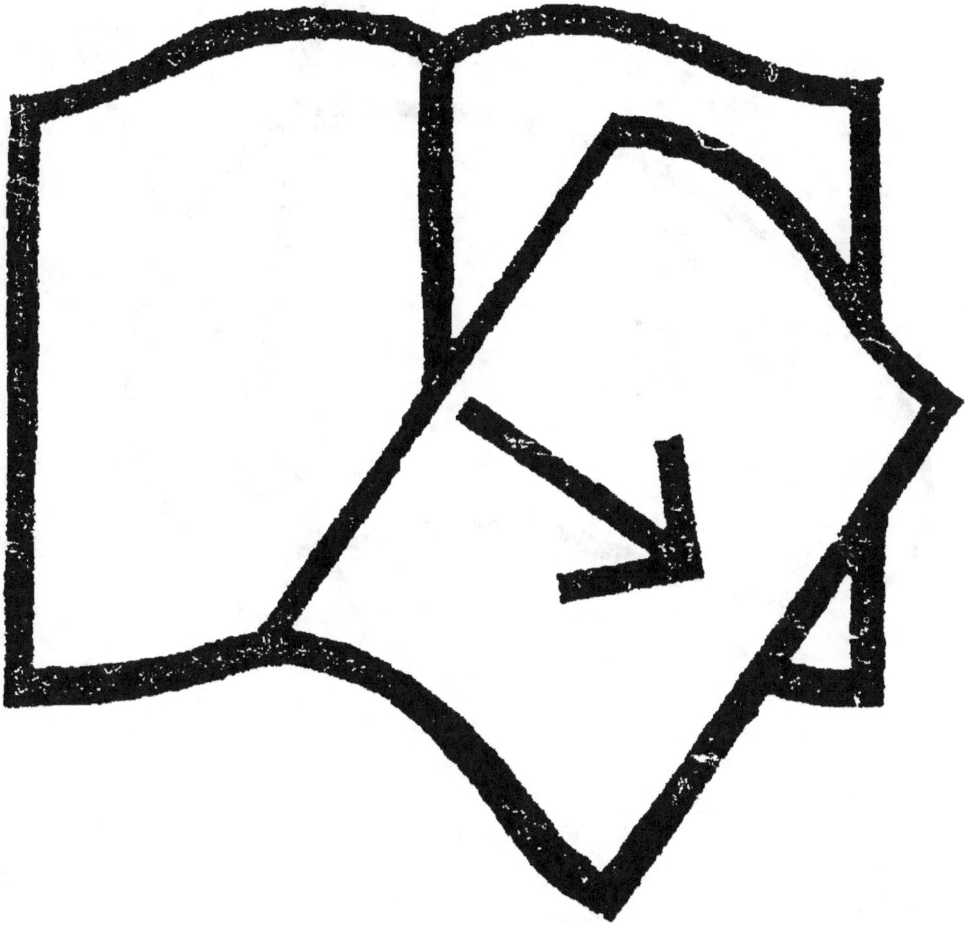

Couverture inférieure manquante

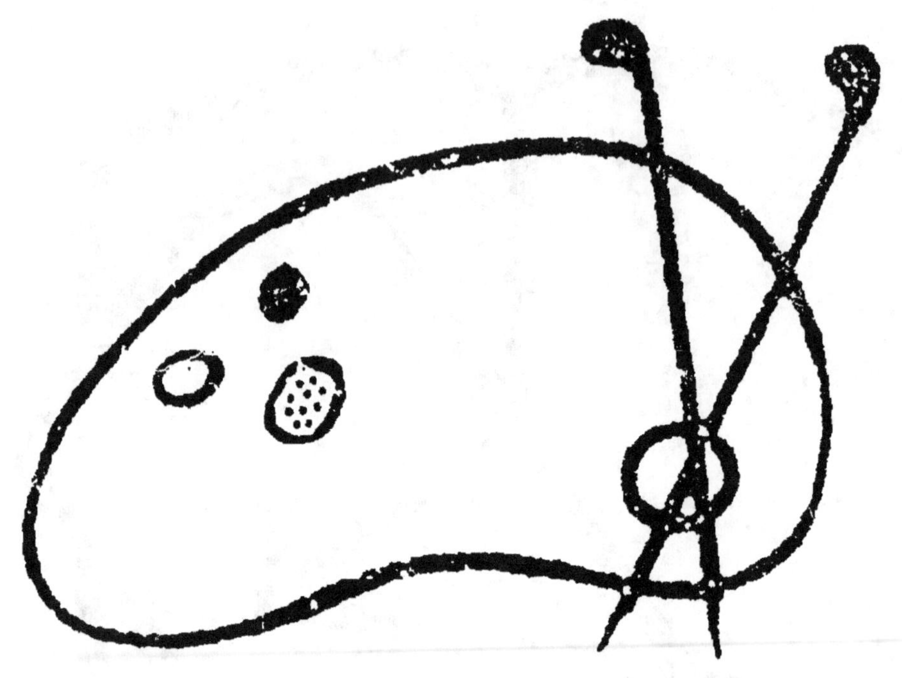

Début d'une série de documents
en couleur

Offert par l'Auteur à M. L.
membre de l.

LA
COMEDIA ESPAGNOLE
DU XVIIe SIÈCLE

PAR

ALFRED MOREL-FATIO

COURS DE

LANGUES ET LITTÉRATURES DE L'EUROPE MÉRIDIONALE

AU COLLÈGE DE FRANCE

LEÇON D'OUVERTURE

PARIS

F. VIEWEG, LIBRAIRE-ÉDITEUR

67, RUE DE RICHELIEU, 67

—

1885

(5)

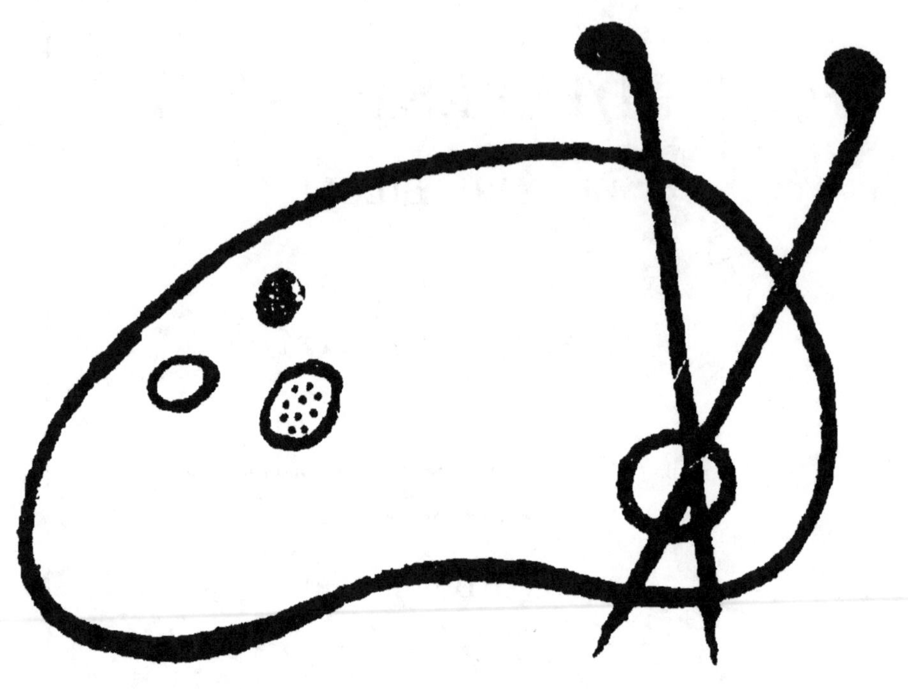

Fin d'une série de documents
en couleur

BIBLIOTHÈQUE NATIONALE
DON
DELISLE BURNOUF

LA
COMEDIA ESPAGNOLE

DU XVIIᵉ SIÈCLE

LA
COMEDIA ESPAGNOLE
DU XVIIᵉ SIÈCLE

PAR

Alfred MOREL-FATIO

COURS DE

LANGUES ET LITTÉRATURES DE L'EUROPE MÉRIDIONALE

AU COLLÈGE DE FRANCE

LEÇON D'OUVERTURE

PARIS

F. VIEWEG, LIBRAIRE-EDITEUR

67, RUE DE RICHELIEU, 67

—

1885

LA

COMEDIA ESPAGNOLE

DU XVIIe SIÈCLE[*]

Toutes les nations, anciennes ou modernes, ont une littérature dramatique, toutes ont produit en plus ou moins grand nombre des œuvres tragiques, comiques ou tragi-comiques ; mais il n'est pas vrai que toutes aient, à strictement parler, un théâtre. Pour qu'une nation réussisse à créer un théâtre, qui légitimement porte son nom, qui d'un commun accord soit considéré comme lui appartenant en propre et comme représentant d'une façon éminente son génie, il lui faut le concours assez rare de plusieurs circonstances.

Il lui faut en premier lieu une société fortement centralisée, dont tous les membres se sentent depuis longtemps unis et solidaires, qui tous possèdent un fonds d'idées, de sentiments, de souvenirs communs et qui, par suite, aient tous les mêmes mœurs et les mêmes aspirations. Une scène nationale, où puissent être transportés soit des passions tragiques, soit des travers et des vices capables d'émouvoir ou d'affecter la société tout entière, n'est réalisable qu'à cette condition [1].

Mais cela ne suffit pas. Il est nécessaire encore que

---

[*] Cette leçon a été lue, le 4 décembre, au Collège de France, par son auteur appelé à remplacer M. Paul Meyer, dans sa chaire de langues et littératures de l'Europe méridionale, pendant le premier semestre de l'année 1884-1885. Il a paru utile d'y ajouter quelques notes.

le drame, quel qu'il soit, destiné à refléter l'esprit de cette société, trouve une forme originale et répondant si bien aux goûts et aux tendances du milieu qu'elle se fasse aussitôt accepter par le plus grand nombre et prenne aisément le pas sur toutes les autres manifestations de l'art dramatique.

C'est parce que les conditions que je viens d'indiquer ont été remplies par les Grecs, qu'on peut, dans l'antiquité, parler d'un théâtre grec, tandis qu'il n'existe pas de théâtre latin. Les Romains cependant avaient la centralisation politique et littéraire, ils avaient une histoire populaire et des mœurs communes ; mais ils ne surent jamais inventer un genre de drame qui fût vraiment à eux, vraiment la représentation de leur caractère national ; ils ne surent qu'adapter à leur langue et à leur littérature les œuvres grecques. Aussi dira-t-on des Romains qu'ils ont des tragédies et des comédies, mais non pas qu'ils ont un théâtre.

Parmi les nations modernes, deux seulement me semblent mériter d'être, à cet égard, assimilées aux Grecs : la France et l'Espagne. Ces deux nations seules ont offert, à une certaine époque de leur existence, un terrain propice à l'institution d'un théâtre, et chez l'une comme chez l'autre il est arrivé qu'une forme spéciale, créée ou fixée tout au moins dans ses traits les plus essentiels par un poète de génie, s'est avec la complicité du public emparée de la scène, s'y est si solidement établie qu'il a fallu des siècles pour l'en déloger ; encore en subsiste-t-il de nos jours, chez l'une tout au moins de ces nations, bien mieux que des débris.

En France, cette forme par excellence, qui a donné à notre théâtre son unité et son originalité, est la tragédie ; c'est la tragédie qu'on entend surtout, c'est à elle qu'on pense en premier lieu, plutôt qu'à notre comédie, malgré le grand nom de Molière, lorsque l'on parle du théâtre français classique. Ce privilège que nous reconnaissons à la tragédie, elle le tient non seulement de sa nouveauté, de sa valeur intrinsèque, de sa parfaite appropriation à l'esprit de notre race, de l'incomparable éclat de ses débuts, elle le tient encore de sa continuité, de sa longue carrière, qui, d'étape en étape et en dépit de nos révolutions politiques et littéraires, s'est étendue jusqu'à nous. Au lieu donc de nous plaindre, comme il est devenu trop habituel de le faire, des entraves apportées par nos poètes du xvi⁰ et du xvii⁰ siècle à l'expansion de notre muse tragique, au lieu de traiter de puériles les règles si strictes dans lesquelles ils ont emprisonné leur drame, bénissons-les plutôt d'avoir su extraire de la tragédie antique une formule nouvelle, d'avoir torturé Aristote pour en obtenir comme une consécration de leurs propres théories, bénissons-les de leurs préjugés et de leurs exagérations, car c'est à eux que nous devons de posséder un théâtre comme les Grecs ou les Espagnols, et non pas seulement des tragédies et des comédies comme les Romains, les Italiens et les Allemands. Sans cette réglementation sévère qu'ils réussirent à introduire et que Corneille, par le prestige de son nom, imposa à ses contemporains et à ses successeurs, la forme de notre drame tragique fût restée indécise et flottante, chaque poète à son tour eût tâtonné, perdu beaucoup de temps et de talent pour se créer un cadre approprié à ses conceptions ; en revanche, peut-être, l'imagination se serait donné plus librement carrière et nous aurions eu, qui sait ? dans plus d'un genre des tentatives intéressantes, d'heureuses trouvailles, mais notre art dramatique eût incontestablement perdu en unité, en forte concentration, ce qu'il aurait gagné en variété.

Les Espagnols ont partagé notre sort, à eux aussi est échu un vrai théâtre. Mais avant d'aborder ce sujet, je dois prévenir une objection qui pourrait m'être adressée.

Que faites-vous de l'Angleterre ? Les Anglais ne passeraient-ils pas à juste titre pour posséder un théâtre ? A vrai dire, je ne le crois pas. Il manque au théâtre

anglais, si ce nom même peut être employé, s'il signifie quelque chose, cette régularité et cette continuité dont je parlais tout à l'heure et qui caractérise
si nettement notre théâtre et celui des Espagnols. Ici
un seul nom résume tout, il n'y a qu'un seul point
lumineux vers lequel tout converge : Shakspeare, et
qui dit théâtre anglais, dit théâtre de Shakspeare, ou
ne se fait pas entendre. Assurément cela seul est assez,
et un génie de cette taille peut valoir autant et mieux
qu'une grande école dramatique ; mais en résultat,
cette école, cette tradition, cette forme unique et con-
tinue, que d'autres peuvent montrer, les Anglais ne
l'ont pas. Shakspeare n'a rien imposé à ses successeurs, qui ne l'ont pas imité ; dans son incomparable
grandeur il reste isolé, sans attache avec ce qui le
suit. On ne saurait donc mettre l'art dramatique anglais sur la même ligne que l'art dramatique français
ou espagnol, ou, en d'autres termes, le théâtre anglais,
c'est-à-dire le théâtre de Shakspeare, n'existe pas au
même titre ni dans les mêmes conditions que le nôtre
ou celui de nos voisins de la péninsule ibérique. C'est
une prodigieuse exception, ce n'est pas un organe
essentiel, une manifestation générale et indéfiniment
prolongée de la littérature nationale.

En Espagne, au contraire, nous sommes tout aussitôt
frappés de l'extrême uniformité et homogénéité de la
poésie dramatique, de sa force de résistance, de son
éblouissante richesse. Une fois la recette trouvée et le
cadre arrêté, le théâtre espagnol ne s'en écarte plus,
il marche d'un pas sûr dans la voie ouverte ; chacun
se plie d'instinct à la règle, sans se douter même
qu'on y pourrait changer quelque chose, faire mieux ou
faire autrement. Le drame espagnol, ou, pour le nommer par son nom, la *comedia,* dont les commencements coïncident à peu près avec l'entrée du xvıı^e siècle, vit pendant tout le cours de ce siècle d'une vie
large, exubérante. Il résiste à la chute de la dynastie
autrichienne, si populaire depuis Philippe II et d'un

espagnolisme si pur, qui avait tant contribué à son succès ; il résiste à l'avènement des Bourbons, aux changements considérables que cette domination étrangère, l'influence croissante et envahissante de la France apportent à la vie publique, aux mœurs et à la littérature de la nation, il résiste, mais en perdant du terrain. Ecrasé qu'il est par le mépris des adeptes de notre système dramatique, il se réfugie de plus en plus dans les genres bas, où se concentre alors le vieil esprit espagnol, et de cette façon il réussit à traverser, quoique péniblement et non sans subir des mutilations, cette période hostile et ingrate. Avec le réveil de la littérature nationale, le drame classique recouvre, dès le premier tiers de ce siècle, de nouvelles forces et en s'accommodant aux circonstances regagne les positions abandonnées. Aujourd'hui encore, c'est la *comedia* des Lope de Vega et des Calderon, légèrement modifiée, qui règne sans conteste chez nos voisins ; et tandis que chez nous la tragédie de Corneille, de Racine et de Voltaire semble ne plus devoir renaître de ses cendres éteintes, la forme inaugurée en Espagne au xviie siècle est restée assez vivace pour répondre aux nécessités de l'art dramatique contemporain, pour satisfaire aux exigences d'un public, dont l'idéal a cependant notablement changé depuis le temps des Philippe.

Qu'entend-on par *comedia* dans la littérature espagnole ? Ce mot de *comedia* [2], bien loin de pouvoir être traduit par « comédie », de représenter ce que les anciens et nous-mêmes entendons par comédie, est un terme très large qui embrasse tous les genres de drame, que les effets en soient comiques ou tragiques, à l'exclusion, d'une part, d'un certain drame religieux ou liturgique, que les Espagnols nomment *auto* [3], et, d'autre part, des genres inférieurs, de la farce, de l'intermède, du vaudeville (*zarzuela*), des pièces de circonstance, des féeries mythologiques (*fiestas*). L'extension donnée au sens de *comedia* dans la langue du métier, au xviie siècle et même auparavant, est un fait dûment constaté et qui ne souffre aucune discussion. Lope de Vega l'emploie toujours comme équivalent de drame en général [4], et en dehors même du milieu des auteurs et des gens de théâtre l'acception nouvelle a cours : de purs théoriciens l'adoptent et la consacrent dans leurs traités didactiques. Ainsi le théologien Juan Caramuel Lobcowitz, fort discrédité comme moraliste, car il a reçu le fouet de Pascal, mais qui, dans ses travaux de rythmique espagnole a fait preuve d'érudition et de perspicacité, s'empare de la terminologie de Lope et la défend avec énergie : « *Comœdia,* dit-il, a un sens plus étendu que *tragœdia ;* en effet, toute *tragœdia* est une *comœdia,* mais l'inverse n'est pas vrai. La *comœdia* est la représentation d'un événement historique ou d'une fiction, et peut avoir une issue heureuse ou malheureuse. Dans le premier cas, elle garde simplement le nom de *comœdia,* dans le second, elle est appelée *comœdia tragica* ou *tragicomœdia,* ou encore *tragœdia.* Telle est la vraie différence de ces mots, quoique d'autres y puissent trouver à redire » [5].

Si les Espagnols du xviie siècle ont ainsi détourné le mot *comedia* de son sens précis et restreint, il va de soi qu'ils n'usent de cette licence qu'en ce qui les concerne, jamais ils n'ont élevé la prétention d'étendre à d'autres théâtres une dénomination qui ne convient qu'au leur. La *comedia* désigne une action dramatique quelconque, sans égard pour les effets qu'elle doit produire dans l'âme du spectateur, mais une action dramatique telle seulement que les Espagnols l'ont conçue ; la *comedia* est le drame espagnol et n'est que cela. Il convient donc de commencer par définir ce drame national, qui tient du terroir les traits qui le distinguent, lui assignent une place déterminée dans l'histoire de l'art, et lorsque nous en connaîtrons le procédé, il nous sera plus facile de nous expliquer pourquoi il a pu mériter ce nom, qui ne laisse pas que de surprendre à première vue.

Tous les auteurs espagnols qui ont disserté au
xviie siècle sur la forme de leur art dramatique s'accor-
dent pour insister sur le caractère essentiellement *mixte*
de la *comedia* : c'est l'expression qui revient partout.
« Aujourd'hui la *comedia* (ou, comme d'autres disent,
la *représentation*) consiste en une certaine *miscellanée*,
où il y a de tout, » écrit en 1617 un contemporain de
Lope, Cristóbal Suarez de Figueroa. [6] L'année d'avant,
en 1616, certain poète de Valence, qui s'est caché sous
le pseudonyme de Ricardo de Turia, déclare qu' « aucune des *comedias* qu'on représente en Espagne n'est à
proprement parler comédie, mais bien tragicomédie,
c'est-à-dire un mélange de comique et de tragique, qui
emprunte au dernier genre ses personnes illustres, l'action grande, la terreur et la pitié, et au premier le sujet
particulier (*el negocio particular*), le rire et les plaisan-
teries. Et que personne, ajoute-t-il, ne tienne cette *mix-
ture* pour impossible, car il ne répugne ni à la nature
ni à l'art que dans une même fable concourent des personnes illustres et humbles. [7] » Lope lui-même signale
souvent cette confusion des genres ; à Guillen de Castro
il rappelle « la coutume d'Espagne, qui a déjà réussi à
méler, contrairement à l'art, les personnes et les styles. [8] »
Un de ses meilleurs élèves, qui devint son émule, Tirso
de Molina, dans son apologie de la *comedia nueva*, —
retenons le mot — invoque, comme Ricardo de Turia,
l'exemple de la nature pour autoriser le caractère composite du théâtre de son maître, et il est bien près de
s'écrier avec Victor Hugo : « tout ce qui est dans la
nature est dans l'art. » Si en greffant, dit-il, une espèce
d'arbre sur une autre, on en obtient une troisième,
pourquoi la *comedia* ne s'écarterait-elle pas des préceptes des anciens, « pourquoi ne grefferait-elle pas ha-
bilement le tragique sur le comique, ne tirerait-elle pas
un aimable *mélange* de ces deux genres opposés, et, en
participant ainsi de l'un et de l'autre, n'introduirait-elle
pas dans sa fable soit des personnes illustres, à l'exemple
de la tragédie, soit des personnes plaisantes ou ridi-

cules, à l'exemple de la comédie. [9] » Tel est le caractère
du nouveau drame. Le mélange, la confusion des genres
et des styles, que les anciens et les modernes depuis la
Renaissance séparaient soigneusement, voilà ce qui
spécifie ce produit indigène. Il n'en faut pas davantage
pour rendre plausible le choix de l'étiquette qui lui a
été apposée.

Pour désigner une forme nouvelle, les Espagnols auraient pu créer un terme nouveau ou s'en tenir à quelque
dénomination vague, telle que *representacion*, comme,
d'après Suarez de Figueroa, quelques-uns le deman-
daient [10]; ils auraient encore pu, à la rigueur, si le mot
n'avait été un peu lourd et pédant, prendre *tragicomedia*. Ils aimèrent mieux ne pas sortir de la tradition,
rester fidèles aux noms s'ils ne gardaient pas les choses,
et contraints alors de choisir entre tragédie et comédie,
ils durent se décider pour le second terme. Cela se con-
çoit sans peine. Qu'est-ce qui, aux yeux des poètes espagnols, tous plus ou moins imbus d'un aristotélisme
assez altéré, marquait surtout la différence entre la comédie et la tragédie? Le dénouement, heureux dans le
premier cas, malheureux dans le second. La condition
des personnes, la nature des sujets ne venaient qu'en
seconde ligne, et bien avant l'époque qui nous occupe,
la scène nationale avait vu souvent des personnes illustres et même royales mêlées à des actions, dont ni la
conduite ni les péripéties ni le style n'offraient rien d'exclusivement tragique. L'issue du drame reste donc le
point capital, qui seul le classe, permet de le rattacher
à un genre plutôt qu'à un autre. Eh bien, sans rechercher
comment s'est en fait comporté, à l'égard du dénouement, le nouveau drame espagnol, sans entreprendre
de dresser une statistique de ses catastrophes, on est
amené à reconnaître qu'en vertu précisément de ce
caractère mixte qui le distingue, en vertu de la rencontre en une même action de personnes de toutes les
catégories sociales, le dénouement devait en être plus
souvent heureux que tragique. Rien de plus naturel,

par conséquent, que de donner la préférence au terme, dont l'emploi se justifiait neuf fois sur dix, rien de plus logique que de comprendre sous la rubrique de *comedia* tous ces drames, sans tenir compte des cas exceptionnels qui y répugnaient. Libre d'ailleurs aux scrupuleux de spécifier plus rigoureusement la nature de leurs ouvrages : Lope, par exemple, ne s'est pas fait faute d'intituler telle ou telle de ses pièces *tragedia* ou *tragicomedia* [11]. Mais plus on avance dans le XVIIe siècle, plus le sens ancien et traditionnel du mot *comedia* s'efface, plus il devient élastique, absolument identique à ce que signifie en anglais *play* ou en allemand *Schauspiel* : les drames les plus noirs de Calderon sont encore des *comedias*.

Cette *comedia nueva* [12], comme la qualifie Tirso de Molina, ou cette *comedia libre* [13], comme l'a une fois nommée Cervántes, à qui la doit-on ? Est-elle l'œuvre exclusive d'un seul ou procède-t-elle par des évolutions successives, auxquelles plusieurs ont concouru, d'une forme ancienne du théâtre national ? Le grand nom de Lope de Vega [14] est, à la connaissance de tous, étroitement associé à la *comedia* espagnole, à ce point que l'un appelle l'autre, qu'on ne sépare pas ce genre dramatique du poète qui passe pour en être l'inventeur. Je ne viens pas battre en brèche l'opinion reçue. Tout compte fait, il est juste de tenir Lope de Vega pour le père du nouveau drame, avec cette réserve cependant qu'on ne prendra pas cette paternité trop au pied de la lettre. La *comedia* n'est point sortie un beau jour tout armée du cerveau du poète ; d'autres lui ont fourni la matière, une matière, il est vrai, à peine dégrossie, qu'il s'est chargé de polir. Les éléments du poème dramatique, qu'il a fait sien, existaient, mais sans cohésion suffisante ; il fallait avoir l'idée de les mieux fondre en un tout harmonieux, capable de s'imposer et de prendre d'emblée la première place.

Comment il s'y est pris pour donner au théâtre espagnol sa forme définitive et clore la période des essais et des tâtonnements, nous allons l'apprendre de sa propre bouche, car Lope n'a pas seulement prêché d'exemple avec ses dix-huit cents drames, dont un tiers à peine nous a été conservé; il a dogmatiquement exposé la théorie de son art.

Ce fut en 1608[15], sur la demande des membres d'une académie littéraire de Madrid[16], qu'il se décida à écrire le discours célèbre intitulé: « De la nouvelle manière de faire aujourd'hui les *comedias*. » Mais à le lire quelle surprise et quelle déception! Au lieu d'un manifeste tapageur, d'une éclatante fanfare dans le goût, par exemple, de la préface de Cromwell, c'est une dissertation pâle et terne, mal composée et confuse, qui annonce avec toutes sortes de précautions l'avènement de l'ère nouvelle. Au lieu du cavalier castillan, aux moustaches retroussées, au geste hautain et à la faconde pompeuse, qu'on s'attend à voir prendre la défense des jeunes et terrasser les vieux préjugés, c'est un docteur en robe longue, qui, timidement et en s'inclinant devant Aristote et la compagnie, plaide les circonstances atténuantes. Lope, cela est visible, se sent mal à l'aise; il n'a pas devant lui les banquettes des théâtres de Madrid, mais un auditoire de beaux esprits, qui représentent la haute culture littéraire de l'Espagne, et derrière eux, garnissant le fond de la scène, l'Italie et la France, dont il ne voudrait pas mériter le dédain. On a prétendu que Lope s'était ici joué des doctes et qu'à le bien entendre son *Arte nuevo* est, en une forme ironique, l'apologie détournée de la *comedia*. Rien de moins vrai: l'auteur parle sérieusement et le jugement qu'il porte sur le théâtre espagnol de son temps est parfaitement sincère. Lope, il faut bien qu'on le sache, n'a jamais tenu le théâtre pour un art supérieur, un genre noble, il ne l'a jamais élevé au niveau des autres genres de poésie, il a toujours professé pour ses poèmes épiques et lyriques une beaucoup plus grande estime que pour ses *comedias*. Le ton de ce discours n'a donc rien en soi d'étrange, il est celui de toutes les préfaces lardées de

citations latines et italiennes, encombrées de disserta-
tions pédantesques à l'usage des fins lettrés, que Lope a
mises à tous ses poèmes et à quelques-uns de ses drames,
et où le poète abondant, gracieux et facile disparaît sous
le critique, le puriste et le précieux.

L'*Arte nuevo* a le mérite d'être court, malheureusement il est écrit en vers blancs, forme dont ne s'accom-
modait guère le talent de l'auteur, qui avait besoin du
cliquetis de la rime ou de l'assonance pour se produire
agréablement : le style en est lourd et gêné [17]. Pour le
fond, c'est plus que ne promet le titre, plus qu'un traité
de la *comedia*, c'est un art dramatique, une drama-
turgie, comme on dit depuis Lessing. On peut, malgré
le désordre de la composition, y distinguer trois parties :
un résumé des règles de la comédie et de la tragédie
anciennes, d'après les docteurs de l'époque, un aperçu
très écourté de l'histoire du théâtre national ou barbare, comme le nomme le poète ; puis, pour finir, et
c'est le point essentiel, une théorie de l'art nouveau,
une série de préceptes touchant les divisions, la versification et le style de la *comedia*. Laissons les généra-
lités, les considérations sur l'art des anciens. Aussi bien
croyons-nous volontiers Lope sur parole lorsqu'il nous
dit qu'avant l'âge de dix ans il avait déjà repassé les
poétiques ; il s'agit, ne l'oublions pas, d'un sujet singulièrement précoce, et quand il aurait exagéré, peu importe : il savait certainement tout ce qu'homme de son
temps pouvait savoir qui avait passé par Salamanque ou
Alcalá et avait lu les commentateurs italiens d'Aristote [18].

Mais s'il connaît les règles, pourquoi ne les observe-
t-il pas ? Pourquoi, lorsqu'il se met à composer son
premier soin est-il de les « enfermer sous triple ser-
rure, d'enlever Plaute et Térence de son cabinet pour
ne pas entendre leurs lamentations » ? Pourquoi ? C'est
que le public, qui est ici la masse des illettrés, le *vulgo*,
a perdu la notion de ces choses ; des barbares sont
venus qui ont gâté son goût, l'ont habitué à des *rudesses*,
auxquelles il faut maintenant sacrifier, sous peine d'en-

courir sa disgrâce. « Parlons-lui donc le langage des sots pour lui plaire, puisqu'il nous paye. » Sur ces corrupteurs du goût, Lope ne s'explique pas, il oublie de nous les désigner. Le seul auteur antérieur à son temps qu'il nomme est Lope de Rueda, le batteur d'or de Séville, qui, comme Molière, composait et jouait ses pièces, et c'est pour le louer d'avoir observé la distinction du comique et du tragique, d'avoir écrit de vraies comédies, où l'action reste humble et plébéienne. Malheureusement il est descendu trop bas, — et ici le noble Lope, l'*hidalgo* de la Montagne, se révolte. Comment ! Rueda a été jusqu'à introduire sur la scène des artisans (*mecánicos oficios*), l'amour de la fille d'un forgeron ! Cela n'est pas tolérable, aussi ses comédies se sont-elles noyées dans la farce, on les nomme maintenant intermèdes (*entremeses*) :[19] « l'art s'est dégradé par bassesse de style ». Puis d'autres ont mêlé les genres, « mis le roi dans la comédie ». Encore ici Lope ne cite personne, et pourtant il est des noms qui s'imposaient, celui de Juan de la Cueva, entre autres ; mais ce poète vivait et Lope a toujours été très attentif à ménager le prochain, un peu sans doute pour en être payé de retour.[20]

Quoi qu'il en soit, un fait se dégage de ce passage : la corruption du goût, c'est-à-dire, selon notre auteur, la confusion des genres, que l'école avait enfermés dans d'étroites limites, était fait accompli au moment de l'avènement de Lope. Impossible de remonter le courant. Que restait-il à tenter ? Des améliorations de détail, mettre un peu d'ordre dans ce désordre, et c'est à quoi Lope consacre la dernière partie de son discours.

Il est entendu d'abord qu'on renoncera à séparer le tragique du comique, une telle affectation de purisme serait maintenant déplacée. Ainsi Senèque et Térence, mis aux prises dans un même drame, en rendront une partie sérieuse, l'autre plaisante ; cette variété plaît beaucoup et la nature nous enseigne à combiner le gai et le sévère. L'unité d'action est indispensable ; point d'épisodes qui en troublent le développement et lassent l'attention du spectateur. Quant à l'unité de temps, le fameux tour de soleil ne peut plus être observé. Il suffit que l'action marche aussi vite que possible, et si le poète a choisi une histoire qui doit durer plusieurs années, ou s'il est contraint de transporter d'un lieu dans un autre tel personnage, qu'il fasse en sorte que ces laps de temps s'écoulent et que ces déplacements se produisent dans l'intervalle des actes. Combiner les incidents de la fable de façon que l'action s'accomplisse en une journée, il n'y faut point songer. Nos Espagnols, dit Lope, ne s'en arrangeraient pas ; « une fois assis au spectacle, ils veulent qu'en deux heures vous leur représentiez une histoire qui commence avec la Genèse et aboutit au jugement dernier [21]. »

Le sujet trouvé, l'auteur l'écrira d'abord en prose ; il le divisera en trois actes, essayant, si possible, de les renfermer chacun dans l'espace d'un jour. Jadis la *comedia* avait quatre actes, elle était alors dans son enfance, et, comme les enfants, marchait à quatre pattes [22] ; mais en vieillissant elle en a perdu un, et c'est au capitaine Virues, auteur de la seconde moitié du xvi⁰ siècle, que Lope attribue cette réforme, ne prévoyant pas que d'autres, et par exemple Cervántes, en revendiqueraient l'honneur, si honneur il y a [23].

Des conseils touchant la composition du drame et la conduite de l'action, je n'en retiendrai qu'un, parce qu'il est caractéristique et qu'il marque qu'en un point la *comedia* espagnole marche de concert avec notre tragédie française. Il s'agit de la suspension de l'intérêt. Un peu hésitant sur le moment précis où il convient que l'action se noue, il recommande à deux reprises et de la façon la plus pressante de ne laisser entrevoir sous aucun prétexte l'issue du drame, de retarder le dénouement jusqu'au milieu au moins du dernier acte. Le public, prévenu trop tôt de la solution du problème, se désintéresse de la pièce et n'éprouve nulle envie d'en entendre plus long. Il tourne le dos à la scène et prend la porte[24]. Sur cette bande étroite de terrain, le théâtre espagnol, ai-je dit, tend la main au nôtre ; tous deux ont voulu que l'intérêt fût adroitement suspendu et que la curiosité du spectateur ne reçût entière satisfaction qu'au moment même de la catastrophe.

Après la composition, l'élocution. Dépouillé de lieux communs sur les convenances que doit observer le poète, ce passage se réduit à quelques règles sur l'emploi de la versification et des figures de mots et de pensées. Nous avons vu que Lope conseille de rédiger d'abord en prose comme une ébauche de la *comedia*. Lui-même, qui rimait avec une aisance restée proverbiale, qui pensait presque en vers, se pliait-il à cette exigence ? J'en doute, et tout ce qu'on sait de la façon de composer des poètes dramatiques du xviie siècle, tout ce qu'on surprend de leur travail intime dans les manuscrits qu'ils ont laissés, prouve, si je ne me trompe, que chez eux l'inspiration revêtait immédiatement la forme du rythme. D'ailleurs qu'un premier jet en prose soit ou non le point de départ, c'est au vers qu'il faut aboutir. Toute *comedia*, dès la fin du xvie siècle, est versifiée ; d'exception à la règle, il n'en existe point, mais toutes ne le sont pas de la même manière, ou plutôt comme la variété est le trait distinctif de cette versification, il en résulte que, suivant les époques, tel genre de vers ou de strophe a joui de plus ou moins de faveur, et que les caprices de la mode ont fait dévier les poètes des préceptes que voici de leur chef de file : « Les plaintes, dit-il, s'expriment bien en dizains, le sonnet convient à celui qui attend (le monologue), les récits réclament le romance, quoiqu'ils produisent en octaves un bel effet, les tercets se prêtent aux pensées graves et les quatrains aux amours. » Lope omet ici plusieurs combinaisons rythmiques dont il a fait souvent un très heureux usage[25], mais ce qu'il énumère est bien, en effet, l'essentiel, et non seulement les dramaturges venus à sa suite n'ont rien ajouté à ce fonds, mais ils l'ont notablement diminué ; la versification de Calderon, par exemple, est beaucoup moins variée que celle de son grand prédécesseur. Parmi les figures que recommande Lope, il en est une que je dois signaler, c'est le « parler équivoque ou ambigu » qui, ajoute-t-il, « réussit si bien auprès du *vulgo,* car chacun croit qu'il est seul à comprendre ce que dit l'acteur. » La recommandation, j'en conviens, ne va pas sans une pointe d'ironie, mais la simple mention de ce pauvre artifice montre assez l'importance qu'y attachaient et les auteurs et le public, et quels ravages il causait déjà dans le style de la *comedia.*

Et quand Lope a épuisé la rhétorique, son discours est fini ou à peu près. Quelques avis encore sur la dimension du nouveau drame — quatre cahiers (*pliegos*) par acte, en tout douze, c'est la bonne mesure [36] — puis sur le costume des acteurs, qui doit être approprié à leurs rôles — « ne mettez point de col au Turc ni de hauts-de-chausses au Romain. » Après quoi Lope tire sa révérence aux académiciens; mais en les quittant, il ne résiste pas à l'envie de les railler doucement, comme pour se venger d'avoir été mis sur la sellette et contraint de confesser ses péchés envers l'art, qu'il respectait comme eux, qu'il ne violait vraiment qu'à son corps défendant. « Oui, s'écrie-t-il, je suis un barbare; que l'Italie et la France me taxent d'ignorant, j'y consens, mais qu'y puis-je faire? si, avec celle que je viens d'achever cette semaine, j'ai déjà composé quatre cent quatre-vingt-trois *comedias,* qui toutes, excepté six, ont gravement péché contre l'art. » Excepté six ! Depuis 1608 des académiciens cherchent ces six *comedias,* et ne les trouvent point. C'est peut-être bien qu'elles n'ont jamais existé.

De ce que l'*Arte nuevo* finit par une boutade, il n'en faudrait pas conclure, je le répète, que les déclarations de Lope sur la barbarie de son théâtre fussent le moins du monde affectées. Sans doute il ne pouvait pas faire entièrement abstraction de ses titres de dramaturge adoré de la foule et de maître incontesté de la scène nationale, — cinq cents drames sont un bagage assez

compromettant et dont ne se débarrasse pas qui veut.
Peut-être aussi pressentait-il déjà que son œuvre dramatique serait un jour sa vraie gloire et préserverait mieux
son nom dans la postérité que sa *Jérusalem conquise,*
son panégyrique de saint Isidore, patron de Madrid, ou
La Beauté d'Angélique ; mais tout autant que les académiciens, Lope était convaincu de l'infériorité de la
comedia comparée aux autres formes de la littérature
sérieuse. « Affaire de pur métier ; l'art n'est pas en
cause ici ; nous ne pensons qu'à contenter le parterre. »
Voilà ce qu'il répète sur tous les tons et dans son discours et ailleurs. Il faut voir comme il se fait petit quand
il s'adresse aux lettrés, aux *ingenios científicos* [27],
comme il les nomme. En dédiant au duc d'Alcalá, un
antiquaire andalous, son drame intitulé *Lo cierto por
lo dudoso,* il dira qu'il « a choisi quelque fruit rustique
de son humble *vega* » pour l'offrir à un si haut personnage, et que puisqu'il est bien entendu qu'en Espagne
les *comedias* n'observent pas de règles, il ose compter
sur son indulgence. Au fameux cavalier Marini, le
Góngora d'Italie, il a soin de faire observer qu'« en
Espagne on ne respecte pas l'art ; non pas par igno-
rance, car les fondateurs du théâtre national, Rueda et
Naharro, l'ont gardé, mais par la faute de ceux qui leur
ont succédé [28]. » Dans l'amusant dialogue entre le
Théâtre et le Poète, qui ouvre la XIXe partie de ses
Comedias, Lope fait dire au Théâtre : « Qu'est-ce donc ?
Allez-vous disputer avec Scaliger de la division et des
parties de la *comedia ?* » A quoi le Poète répond que
les Espagnols n'ont cure de cela et que pour lui il est
bien décidé à s'en remettre sur ces questions « au licen-
cié Ironie de Conculcabis dans le livre futur qu'il doit
imprimer à Rome. — Et que dit ce livre ? demande le
Théâtre. — Jusqu'à présent il n'a rien dit ». A plusieurs
reprises aussi Lope proteste qu'il n'a point écrit ses
comedias pour être imprimées, « pour que des oreilles
du théâtre elles passassent à la critique du cabinet [29] ». Et
quelle distance ne met-il pas entre cette littérature de

pacotille et ses œuvres *científicas !* Au docteur Gregorio
Lopez de Madera, en lui envoyant son *Arcadia :* « De
ces *comedias*, j'en ai beaucoup écrites, car dès un âge
fort tendre, je me suis senti une disposition particulière
pour ce genre de poésie, ce qui ne m'a pas empêché
d'emprunter aux Muses un style plus sublime, que j'ai
souvent employé dans des œuvres sérieuses [30] ». Il confie
encore à un évêque de Guadix que si les lettres trou-
vaient en Espagne une protection efficace « il aurait
essayé quelque chose de plus digne de la renommée, mais
que voyant le plus grand nombre prendre le chemin du
théâtre, il a préféré les applaudissements qui enrichis-
sent à une réputation peu sûre [31] ».

La médiocre importance qu'il semble attacher à son
rôle de réformateur du théâtre, d'inventeur de la *comedia nueva* est remarquable. Dans son *Arte nuevo* il ne
réclame rien, il a suivi le courant, voilà tout. Plus tard,
lorsque son nom est dans toutes les bouches, que les
directeurs de théâtre s'arrachent ses pièces, ses pré-
tentions ne s'élèvent guère. Lisons le prologue de la
XIVe partie de sa collection dramatique, daté de 1620.
Le Théâtre porte la parole : « Voici, dit-il, la XIVe partie
des *comedias* qui ont été représentées sur mes planches
et qui sont de l'auteur auquel je dois, sinon mes commencements, au moins mes progrès dans la langue
d'Espagne, de celui qui a frayé la route aux autres
talents rares qui l'ont suivi et dont on peut espérer de
plus grandes choses encore, car il est devenu si facile
d'écrire des *comedias*, j'entends de celles qui sont *hors
l'art*, que les entrepreneurs ne peuvent se délivrer de la
persécution des poètes. » Et l'année suivante, en 1621,
ce même théâtre, parlant pour Lope au prologue de la
XVe partie, déclare que « l'auteur ne cherche point à se
singulariser ni à nier le mérite des autres, il ne leur demande nulle reconnaissance pour avoir habillé la *comedia* de l'habit qu'elle porte maintenant, car ayant, comme
il a, assez de littérature pour se faire lire en Italie et en
France, peu lui importent ces *fleurs sauvages*, » etc.

Ce n'est vraiment que sur le déclin de sa carrière, revenu de quelques illusions et meilleur juge de son œuvre immense, qu'il se sent pris d'une sorte de tendresse quasi posthume pour ces drames barbares, cette littérature subalterne et de rapport qu'il avait si longtemps dédaignée. Témoin des progrès étonnants du théâtre, de la vogue extraordinaire des *comedias*, Lope fait, non sans quelque amertume, un retour sur lui-même, il laisse échapper comme des regrets, une protestation à mots un peu couverts : « Et pourtant c'est moi qui..... » L'églogue à Claudio, une des dernières œuvres du poète, composée vers 1632, trois ans avant sa mort, trahit bien cet état d'esprit. Tout le bagage du poète y est passé en revue et discuté, le théâtre vient à son rang, le dernier. « Si maintenant, Claudio, j'énumère le nombre infini de mes fables dramatiques (*fabulas cómicas*), tu te refuseras à croire à tant de papier noirci, tant d'imitations, tant de fleurs parées de couleurs de rhétorique. Je t'en offre quinze cents, dont plus de cent ont passé en moins de vingt-quatre heures de ma muse au théâtre..... C'est à moi que l'art de la *comedia* doit ses commencements, quoique je me sois écarté des rigueurs de Térence et que je ne prétende pas nier la part qui revient aux trois ou quatre grands esprits qui ont vu l'enfance du théâtre. » Et après avoir décrit les personnes, les conditions, les caractères qu'il a portés sur la scène [32], il termine en s'écriant encore : « A qui doit-on, Claudio, tant de définitions de la jalousie et de l'amour? A qui tant de mouvements de l'âme? A qui autant de figures que la rhétorique en a pu inventer? Aujourd'hui on ne fait plus qu'imiter ce que le talent a créé hier : le chemin est ouvert, tout le monde s'y pousse [33]. »

On voit la distance parcourue depuis l'*Arte nuevo*, où il ne s'accordait pour ainsi dire rien, et les dédicaces, les prologues où il traitait les *comedias* de fleurs sauvages, que le hasard a fait éclore. Les ans sont venus et le vieillard s'aperçoit qu'il pourrait payer cher ces airs de dédain pour la partie populaire de son œuvre; d'autres se parent déjà de ses plumes, il se souvient du *sic vos non vobis*. Pour la postérité, à qui il songe ici plutôt qu'à ses contemporains, il veut marquer sa place, dire une fois, sans zèle ni colère, mais avec pleine conviction, ce qu'il a donné de son génie à la *comedia* et ce que les autres lui ont emprunté.

De ces divers aveux du poète et de ce que nous savons d'ailleurs de l'histoire du théâtre en Espagne, la conclusion est facile à tirer. Lope, à la fin du xvie siècle, a reçu de ses prédécesseurs un drame mal agencé, de genre composite, de forme hésitante, tantôt divisé en quatre actes, tantôt en trois, drame versifié, mais où la répartition des rythmes était trop abandonnée au caprice des auteurs. Ce drame, il l'a adopté tel quel, parce que le public espagnol y avait pris goût, mais d'embarrassé et d'inerte qu'il était, il lui a donné de la vie et de l'équilibre. Le cadre en était étroit, n'admettait qu'un nombre restreint de sujets : il l'a extraordinairement élargi, il y a introduit tout ce qui pouvait fournir matière à situations dramatiques, la Bible et la mythologie, les vies des saints et l'histoire ancienne, les chroniques et les légendes du moyen âge, les nouvelles des Italiens, les événements contemporains, la vie espagnole au xviie siècle. Avant lui les mœurs, les conditions des personnes et les caractères étaient à peine esquissés : il a mieux observé et mieux décrit, il a créé des types et prêté à chaque espèce sociale le langage et les allures qui lui sont propres; il a, autant que cela était dans ses moyens et que le lui permettait l'extrême rapidité avec laquelle il composait, dessiné quelques caractères. L'ancienne *comedia* versifiait assez pauvrement et gauchement : il a réglé l'emploi de tous les rythmes de la poésie nationale, depuis les vieux couplets des romances jusqu'aux combinaisons les plus rares des genres lyriques empruntés aux Italiens. Voilà l'œuvre de Lope; telle qu'elle est, elle suffit amplement à sa gloire.

Mais n'écoutons pas que celui qui est juge en sa

partie, interrogeons les autres, les contemporains et les
émules. Il y a, dans la littérature de l'époque, deux
partis en présence, celui des critiques, des *científicos*,
des pédants de collège, qui méprisent les *comedias*, et
il y a celui des poètes populaires, des *laïcs* (*legos*), comme
on disait alors, qui se moquent des règles et, à défaut
d'études, se contentent des ressources de leur imagination. Tous sont d'accord, tous tiennent Lope pour un
initiateur, un chef d'école : aux premiers il apparaît
comme le grand coupable, le corrupteur par excellence
de la poésie dramatique; pour les seconds c'est un dieu,
c'est Apollon en personne. Une telle unanimité d'ap-
préciation est surtout remarquable chez ceux-ci, chez
les rivaux, qui par jalousie de métier, auraient pu con-
tester les titres de Lope et le rabaisser. Aucun d'eux ne
l'a fait, aucune note discordante ne s'est élevée dans leur
grand concert d'éloges. Cervántes lui-même, blessé dans
son amour-propre d'auteur dramatique que le public a
délaissé et qui dans un passage célèbre (qu'a imité notre
Boileau[34]) a sans ménagement mis à nu les vices de la
comedia nueva, s'incline devant l'idole toutes les fois
qu'il la rencontre sur son chemin : c'est de lui qu'est le
mot devenu classique de « monstre de la nature », si
souvent appliqué à Lope et dans le sens le plus favo-
rable[35]. Les autres ne tarissent pas : Lope est l' « honneur du Manzanares, le Cicéron de Castille, le phénix de
notre nation[36] », il est le « prodigieux monstre espagnol,
un nouveau Tostado en vers »[37], il est l' « Adam de la
comedia »[38]. Parmi ceux mêmes qui avaient le plus de
droit de faire valoir leur part de collaboration à l'œuvre
nouvelle, je veux parler des poètes de Valence, des
Guillen de Castro, des Aguilar, des Tarrega, il n'en est
aucun qui refuse de rendre hommage au maître. « Prince
des poètes dramatiques de notre temps et même des
temps passés », le nomme Ricardo de Turia[39], et Guillen
de Castro répète ou trouve de son côté le mot de Cervántes, « monstre de la nature »[40]. Il serait difficile, on
le voit, de rencontrer dans l'histoire un poète, qui, de

son vivant déjà, ait joui d'une plus complète apothéose.

Reste maintenant à savoir si le drame nouveau, la *comedia* de Lope, a mérité la fortune extraordinaire qu'il a obtenue dans son pays d'origine, la réputation immense que lui a faite la complicité des poètes populaires et du *vulgo* d'Espagne. Autrement parlant, le théâtre espagnol, tel que l'ont façonné Lope et ses disciples, occupe-t-il dans la littérature moderne un poste d'honneur, à côté de notre tragédie et de notre comédie, à côté de Shakspeare, ou, s'il ne l'occupe pas, quels motifs l'ont empêché de le prendre ?

Il faut tout dire en un mot. La *comedia*, œuvre grande tant qu'on la considère en soi et ne la sort pas de son milieu, perd singulièrement de son importance sitôt qu'on l'introduit dans l'enceinte de la littérature générale et qu'on la compare à d'autres productions du même ordre. Quel genre d'intérêt excite aujourd'hui chez les lettrés français, anglais, allemands ou italiens le théâtre espagnol du xviie siècle ? Un intérêt du curiosité, rien de plus. Et l'on peut affirmer que si cette *comedia* n'avait pas, en un temps, cédé quelques parties de ses richesses, j'entends de ses sujets, à d'autres théâtres européens, nous imposant ainsi la tâche de l'étudier, non pas pour elle-même, mais pour ce qu'elle a suscité au dehors, bien peu, même parmi les dénicheurs de choses rares, les amateurs d'étrangetés, prendraient la peine d'y jeter les yeux. Même à l'époque de sa plus grande splendeur, alors que les circonstances politiques se prêtaient admirablement à la diffusion de la langue et de la littérature espagnoles, la *comedia* n'a jamais été acceptée et imitée comme l'a été pendant un siècle la tragédie française ; on n'y a vu qu'un répertoire de situations, un vaste magasin d'intrigues et de jeux de scène, où il a paru longtemps commode de venir s'approvisionner. La forme de ce drame, ses divisions, ses rôles, ses *emplois*, son style et sa versification ont été totalement négligés : en franchissant les Pyrénées, il a dû, pour nous plaire et plaire par nous aux autres nations, prendre l'habit à la française et renoncer à son accoutrement de *caballero* espagnol. Or, dans une œuvre d'art la forme c'est beaucoup, c'est presque tout. Si pour en rendre l'idée accessible, il est nécessaire de la dépouiller de son vêtement, de retrancher les ornements qui à l'origine en faisaient le charme, ornements jugés essentiels par ceux qui l'ont créée et qui l'ont les premiers applaudie, qu'en reste-t-il? Peu de chose. Notre tragédie, au contraire, a passé nos frontières intacte, avec ses sujets, ses procédés de composition, ses confidents, ses récits et son vers. Fond et forme, on nous a tout pris; tandis que le drame espagnol a dû subir, pour être reçu chez les autres, une métamorphose complète, et c'est seulement au prix du sacrifice considérable de ses plumes et de ses rubans qu'il a réussi à faire quelque figure sur le grand théâtre du monde.

D'où vient cela, et à quelles causes rapporter cette dépréciation au dehors d'une œuvre si prisée et si prônée au dedans? J'en trouve plusieurs. Il en est qui tiennent à la nature même de ce drame, à la direction que lui a imprimée son inventeur, et d'autres, plus générales, qui dépendent du tempérament de la race.

Pour ce qui est des premières, la transgression de la règle des unités, est-il besoin de le dire? nous touche fort peu, et plus indulgents que Lope lui-même pour son théâtre, nous l'absolvons sans effort des libertés qu'il a jugé nécessaire de prendre avec ces fameuses conventions qu'il nomme *l'art,* conventions, qui, à coup sûr, ont été souvent la cause de grandes beautés, mais auxquelles nul ne reconnaît plus force de loi. De même la confusion des genres ne nous choque guère et je ne pense pas qu'il se trouve aujourd'hui personne pour la lui reprocher sérieusement. La critique qu'il y a lieu d'adresser à ce poète et à son école a une portée plus générale.

Je me suis efforcé déjà de mettre en évidence ce fait capital que la *comedia,* de par la volonté expresse du maître et de son aveu constant, n'a pas accès au sanctuaire de la haute littérature. Drame essentiellement populaire[41], conçu et écrit pour satisfaire la curiosité et les passions de la nation espagnole sans distinction de classe, qui n'exige du spectateur aucune préparation, aucune culture raffinée, qui n'aspire qu'aux applaudissements du parterre ignorant et grossier, et craint même d'être transporté des planches du théâtre sur les feuillets du livre, telle est la *comedia* dans l'esprit de Lope et de son entourage. Ce qui devait résulter de cette conception, admissible en soi d'ailleurs et que je n'entreprends ni de blâmer ni de louer, est aisé à prévoir. Point de public lettré et délicat, partant point d'étude approfondie des caractères et des passions, point de composition, point de style. On ne peut pas contenter tout le monde, et qui veut attirer le *vulgo* doit lui plaire par des procédés à son usage. Malheureusement un genre quel qu'il soit, s'il veut survivre à l'engouement momentané d'un milieu, ne saurait se passer de qualités de forme vraiment supérieures, et la *comedia* du xviie siècle, sauf de rares exceptions, s'en passe. Tous ces auteurs, sachant à qui ils avaient affaire et le peu qu'ils avaient à ménager, produisaient beaucoup trop vite et produisaient beaucoup trop. Inutile de rappeler tant d'exemples d'improvisation au pied levé, de fabrication sur commande à la journée et à l'heure, tant de tours de force, qui hélas! ne sont point des tours de génie[42]. Les plus habiles devaient perdre à cette pratique leurs qualités les plus heureuses, y émousser la pointe de leur talent. Premier défaut grave, première cause d'infériorité.

A cette absence d'analyse et d'étude des mouvements de l'âme et des traits de caractère, à la faiblesse de la composition et du style[43] s'ajoute l'emploi d'une versification plus lyrique que dramatique et qu'on ne doit pas hésiter à qualifier de puérile. Je sais tout ce qu'on peut ici m'objecter. Il n'y a pas qu'une manière de drame, dira-t-on, et les genres ne répugnent pas à être rapprochés dans une même œuvre au point qu'une action dramatique ne puisse être soutenue d'une partie lyrique; cet ornement parasite est souvent d'un grand effet, et les anciens nous en ont donné l'exemple. Et que reprochez-vous à la *comedia* sa variété de rythmes, serait-ce que vous teniez pour indispensable à un drame bien conduit la monotonie de l'alexandrin ? Je réponds qu'il n'est . certes pas inadmissible que dans le drame, tel même que l'ont conçu les modernes, et sans qu'il puisse être ici question de ressusciter ou d'imiter le chœur de la tragédie antique, une certaine forme de lyrisme ne trouve sa place. Ce n'est point là ce que je blâme. J'admets et les effusions lyriques et ces chants populaires si gracieux et si frais, dont Lope et Tirso ont tiré si bon parti, je les admets même quand la marche de l'action devrait en être, sinon gênée, retardée. Un vers unique n'est pas non plus essentiel, personne ne le prétend, et l'on peut dire tout le mal qu'on voudra de l'alexandrin majestueux et compassé, ainsi que de l'alternance monotone des rimes masculines et féminines; mais au moins l'alexandrin n'est-il pas ridicule. Tandis qu'il est ridicule que les parties de l'action empruntent à la poésie lyrique ses strophes les moins appropriées au mouvement du drame. Qu'un monologue s'enferme dans les quatorze vers d'un sonnet, qu'un dialogue s'échange en cascades de rédondilles, ce qui équivaut pour nous à des couplets de chansonnette, voilà bien de quoi causer, surtout dans les pièces de caractère tragique, une impression directement opposée à celle que l'auteur entendait produire. Possible que les Espagnols en pensent autrement, mais leur sentiment, ils ne sont pas les maîtres de nous le faire partager, et il reste toujours que, passé les monts, cette versification d'opéra n'est pas facilement admise et porte à la *comedia* un préjudice considérable. Est-il bien sûr d'ailleurs que composition, style et versification du drame de Lope aient, en

Espagne même, victorieusement résisté aux atteintes du temps et aux changements du goût ? Si cela est, comment s'expliquer que nos voisins, qui ont cependant beaucoup retenu de la forme de leur théâtre classique, éprouvent le besoin d'*arranger* ou de *refondre* — ce sont les termes consacrés — les pièces du vieux répertoire, quand il leur arrive (rarement) de les remettre à la scène[44] ? Comment, si la *comedia* n'a pas vieilli dans sa forme, des auteurs, et non des plus médiocres, réussissent-ils à gagner quelque renommée en fournissant les théâtres d'*arreglos* de pièces de Lope et de Calderon[45] ? Et nul ne se lève pour protester et crier au sacrilège. Que diriez-vous pourtant si, venant à passer devant la Comédie-Française, vous y lisiez sur l'affiche: «*Phèdre*, tragédie de Racine, arrangée par M. Martin ou M. Durand ? » En cela se voit la différence entre l'œuvre pensée, mûrie, gravée sur l'airain et l'improvisation conçue au vol, bâtie en un tour de main, écrite au courant de la plume.

Il me reste quelques mots à dire des causes générales, inhérentes au caractère national, qui ont empêché la *comedia* de s'élever aussi haut que d'autres théâtres modernes et de porter aussi loin. L'Espagnol ne manque pas d'imagination, il a l'idée nette et le don de la traduire en une forme vivante ; il invente aisément une histoire et en combine avec adresse le plan, et tant qu'il obéit à son inspiration et compose, pour ainsi dire, sous le feu de l'idée, tout va bien. Mais à la première hésitation, au premier obstacle qui s'offre à sa pensée, le découragement et le dégoût le prennent, l'ardeur dont il était animé au début se dissipe, l'enthousiasme se fond. Ne lui demandez pas de se reprendre ni de se corriger, il ne sait ni finir ni polir : *castigare ad unguem,* ce n'est pas son affaire.

De là tant de livres d'imagination inachevés, tant de romans, dont la première partie seule a été terminée ; de là aussi tant de drames, dont les données séduisent et l'exposition promet, et qui, en avançant, se perdent dans les méandres d'une action mal conduite, flottent au hasard et arrivent au dénouement, parce qu'il faut bien en finir, que les douze *pliegos* sont pleins, mais non pas parce que la marche des événements réclame une catas-trophe. Il était naturel que ce défaut inné de la race, ce laisser-aller une fois l'œuvre lancée, ce dédain de la lime, se fissent sentir dans la *comedia* plus qu'ailleurs, eu égard à la qualité inférieure du genre et la précipi-tation avec laquelle les auteurs se croyaient tenus de composer.

Puis il y a autre chose encore. Les Espagnols sont volontiers sentencieux et prêcheurs, ils ont toujours eu un goût prononcé pour la satire morale, et, Dieu merci, la terre d'Espagne a produit en assez grand nombre des casuistes et des moralistes. Certains genres même de leur littérature d'agrément, les nouvelles, entre autres, ont été par moments infestées de moralités. Le théâtre, toutefois, échappe à cette immixtion de la morale et de la sentence : il y échappe trop, en ce sens qu'il manque d'un certain lest de doctrine, qu'il est trop exclusivement frivole, qu'il amuse ou émeut, mais, selon notre goût du moins, n'enseigne pas assez, et ce n'est pas de ce théâtre-là qu'on dira jamais qu'il a été l'éducateur de la nation. Les auteurs de *comedias* n'ont pas su non plus s'élever au général. On ne saurait les blâmer, sans doute, d'avoir peint ce qu'ils avaient sous les yeux, l'homme tel qu'il s'offrait à leur observation, c'est-à-dire l'Espagnol du xviie siècle, et il est certain qu'à trop vou-loir généraliser, on risque de mettre sur le théâtre des abstractions plutôt que des personnes vivantes ; mais entre les deux extrêmes, il semble toutefois qu'il y ait un terme moyen. Nos Espagnols sont décidément restés trop de leur terroir, les mœurs de leur théâtre sont trop imprégnées d'espagnolisme pour pouvoir intéresser qui ne possède pas une connaissance intime du milieu. L'in-telligence parfaite de ce drame exige une étude appro-fondie de l'histoire politique et littéraire, des usages et des modes de l'époque et du pays, et il ne faudrait pas

croire que les Espagnols de nos jours puissent s'en dis-
penser. J'estime en effet que les remaniements qu'ils
font subir, pour les représenter, aux pièces de leur
théâtre classique, tiennent aussi à ce que beaucoup d'al-
lusions à d'anciennes coutumes éteintes, à des usages
particuliers au xviiᵉ siècle ne seraient plus maintenant
comprises de personne.

Toutes ces causes réunies expliquent, je crois, le rôle
modeste auquel seul peut prétendre la *comedia* dans le
concert européen. Observation insuffisante, forme médiocre et trop étrange, mœurs trop particulières, voilà
surtout ce qui lui a nui. Des qualités secondaires, je ne
lui en refuserai pas, et, par exemple, la *comedia* possède
incontestablement, et grâce à ce particularisme sur
lequel je viens d'insister, la valeur d'un document historique, non pas tant qu'elle nous représente très exacte-
ment la société, car les conventions de l'art dramatique,
les ménagements à garder envers un public, maître de
siffler comme d'applaudir, imposent à l'artiste bien des
gênes, elle nous peint plutôt l'idéal de cette société,
l'état de son imagination. En combinant son témoignage
avec celui du roman et des autres documents qui co-
pient de plus près la réalité, nous obtenons la résultante
de la vie espagnole dans toutes ses manifestations, à
une époque où elle présente la plus puissante originalité.

A un autre point de vue aussi il convient de rendre
justice à ce théâtre. Sachons-lui gré des efforts qu'il
a faits pour enrichir le trésor commun de la littérature
dramatique, sachons-lui gré de cette masse énorme de
sujets et de situations qu'il a comme jetés sur le mar-
ché, où beaucoup ont accouru et se sont enrichis à ses
dépens. Et la mine n'est pas près d'être épuisée. Ne
méconnaissons pas non plus le caractère national, patrio-
tique de la *comedia,* qui est bien pour mériter notre
sympathie. S'il est vrai qu'un grand théâtre puisse vivre et
prospérer en ne s'alimentant que de la matière antique,
et notre tragédie le prouve, ne refusons pas notre admi-

ration à ceux qui ont puisé dans leur propre histoire la substance de leur drame héroïque. Nous qui n'avons rien voulu prendre à la nôtre, qui avons laissé hors du cadre de notre tragédie les grandes figures de Charlemagne, de saint Louis et de Jeanne d'Arc, rappelons-nous ce que le théâtre espagnol a su faire du Cid, rappelons-nous ce que nous-mêmes en avons fait après lui et à son exemple.

NOTES.

1. Cette première et très essentielle condition d'une scène nationale a été parfaitement expliquée par M. K. Hillebrand dans ses *Études italiennes*. Paris, 1868, p. 145 et suiv.

2. On sait qu'en général les drames espagnols du xviie siècle portent dans les imprimés du temps le titre de *comedia famosa*. Cet adjectif *famosa*, qui étonnait Voltaire, peut être rendu en français par « applaudie » : la *comedia famosa* est celle qui a réussi, qui a été acceptée au théâtre. Une autre épithète, oubliée aujourd'hui et que ne mentionnent pas les historiens les plus récents du théâtre espagnol, est *grande* : *la gran comedia* revient presque aussi souvent dans les éditions anciennes que la *comedia famosa*. C'est ce qui n'avait pas échappé à Ignacio de Luzan, l'excellent critique du xviiie siècle : « errados andan los que piensan ser ya poétas por haber... escrito sin tino ni regla una comedia, que, como quiera que sea, no dexará de ostentar en la impresion el vano epiteto de *famosa ó de grande*. » (*La poética*, éd. de 1789, t. II, p. 249).

3. Il y avait l'*auto sacramental* ou *del Córpus* (Fête-Dieu) et l'*auto al nacimiento* (Noël). Un auteur du xviie siècle, fort inconnu, Luis Alfonso de Carvallo, prête à *auto* le sens général de *comedia* : « auto es lo mismo que comedia », dit-il, dans son *Cisne de Apolo* (cité par von Schack, *Geschichte der dramatischen Literatur und Kunst in Spanien*, t. III, addit. p. 24), mais cette opinion lui est personnelle.

4. D'un de ses prédécesseurs, le capitaine Virues, il dit : « Oh éminent esprit, repose en paix ! Toi à qui les Muses comiques *(cómicas)* doivent leurs meilleurs commencements ; tu as écris des *tragédies* applaudies. » *(Arte nuevo de hacer comedias en este tiempo)*. Ici *Musas cómicas* est l'équivalent de théâtre en général. Ailleurs, dans une note mise à la suite d'une de ses pièces *(El valiente Cespedes)*, qu'il intitule expressément *tragicomedia*, il observe que « *en esta comedia* » les amours d'un des personnages sont fabuleux : *comedia* est donc le terme générique, qui abrite les acceptions spéciales. Lope va plus loin encore, il étend même au théâtre liturgique, qui cependant formait à lui seul un genre bien délimité, la dénomination de *comedia* ; ainsi le prologue d'un de ses *autos* de la Fête-Dieu *(El nombre de Jésus)* fait allusion à des « *comedias* à la gloire et en l'honneur du pain (c'est-à-dire du corps du Christ), que cette ville couronnée (Madrid) célèbre avec si grande pompe ». Cf. von Schack, *l. c.*, t. II, p. 74 et 94.

5. *Primus calamus*, Campaniae, 1668, t. II *(Rhythmica)*, p. 701. Tout ce que le P. José de Alcazar dit de la *comedia* dans son *Ortografía castellana* (ms.) est tiré de la *Rhythmique* de Caramuel (voy.

l'*Ensayo de una biblioteca española* de Gallardo, t. I, col. 109 et suiv.).

6. *El Passagero*, éd. de Barcelone, 1618, *alivio III*.

7. *Apologético de las comedias españolas* (*Norte de la poesia española*. Valence, 1616).

8. Dédicace de *Las almenas de Toro* à Guillen de Castro (*Parte XIV. Año* 1620).

9. *Cigarrales de Toledo*, éd. de Barcelone, 1631, f. 70.

10. « La *comedia* ó sea, como quieren, *representacion* » (*El Passagero, alivio III*). Je ne vois guère que Quevedo, dont la solide éducation classique répugnait à l'emploi de *comedia* au sens espagnol, qui se soit, au xviie siècle, servi de ce mot *representacion* : il a intitulé un de ses drames *representacion española* (voir la liste des œuvres dramatiques de Quevedo par D. Aureliano Fernandez-Guerra dans La Barrera, *Catálogo del antiguo teatro español*, p. 313). Dans le plus ancien théâtre espagnol, *representacion* s'applique souvent à des pièces de contenu profane ou religieux ; cf. l'italien *rappresentazione*.

11. Ainsi *El valiente Cespedes* est dénommé *tragicomedia* ; d'autres pièces comme *Roma abrasada, El marido mas firme* portent le titre de *tragedia* ou *tragedia famosa*.

12. Dès la fin du xviie siècle, ce nom de *comedia nueva* commence à se substituer à la traditionnelle *comedia famosa* et tend à l'éliminer : les drames, par exemple, d'Antonio de Zamora (1660-1740) sont, dans ses œuvres, tantôt intitulés *comedia famosa*, tantôt *comedia nueva*, sans qu'on voie du tout ce qui, dans l'espèce, a pu déterminer le choix de l'étiquette. Toutefois, l'ancienne et célèbre épithète était trop ancrée dans le langage théâtral pour se laisser facilement supprimer, elle persiste même après l'introduction en Espagne de la tragédie française, et c'est ainsi que *El sacrificio de Ifigenia*, drame de José Cañizares, composé vers 1716, « pour montrer les *comedias* selon le style français », comme dit expressément l'auteur, s'intitule encore « *comedia famosa* en cinq actes. »

13. « De estas impertinencias y otras tales Ofreció la *comedia libre y suelta* » (*Pedro de Urdemalas*, jornada 3ª).

14. Depuis Voltaire et à cause de Voltaire, beaucoup de Français, même des écrivains graves, ont pris la fâcheuse habitude de nommer Lope, *Lopez*. Et les Espagnols de se moquer de nous, qui confondons *nombre* et *apellido*, en quoi ils ont parfaitement raison. Au temps où la littérature espagnole était connue et appréciée en France, nous n'aurions jamais commis cette faute ; ainsi, au xviie siècle, l'on disait bien plus correctement, et à l'italienne *Le Lope de Vègue* (P. Bouhours). Mais il n'y a pas que nous de barbares. Ce n'est pas sans

quelque malin plaisir que j'ai retrouvé notre *Lopez* dans l'écrit d'un Allemand, grand connaisseur de la littérature espagnole, V. A. Huber (v. son discours intitulé *Ueber spanische Nationalität und Kunst im 16 und 17 Jahrhundert*, Berlin, 1852, p. 26). Et même il se trouve des Espagnols, odieusement *afrancesados*, qui laissent passer le bout de l'oreille. Je lis, par exemple, dans *El pensador matritense*, journal littéraire assez spirituel de la fin du siècle dernier (t. I, p. 191) : « si los *Lopez*, los Calderones, los Solises, y otros talentos de nuestro pais corrompieron el arte de la comedia... ». Français, Allemands et Espagnols n'ont donc pas grand'chose à se reprocher.

15. Quoiqu'on ait prétendu le contraire, il me paraît démontré que la seconde partie des *Rimas* de Lope, à laquelle est agrégé l'*Arte nuevo de hacer comedias en este tiempo*, n'a été publiée pour la première fois qu'en 1609, et comme l'errata de cette édition de 1609 porte la date du 29 janvier, il s'ensuit que Lope a composé son discours *au plus tard* dans l'année 1608. De toutes façons, il est sûr que l'*Arte* n'a pas été *imprimé* en 1602 avec la première partie des *Rimas*, et qu'il n'a pas été imprimé non plus dans l'intervalle de 1602 à 1609 ; ceci résulte : 1° de cette note de la seconde partie des *Rimas* (édit. de 1609) : « Estas Rimas tienen licencia y privilegio, *aunque no se imprimieron con las passadas la primera vez*, por no hazer tan gran volumen » ; 2° du fait que les pièces préliminaires du volume publié en 1609 sont toutes ou de 1602 ou de 1609, ce qui prouve qu'il n'y a pas eu d'éditions des *Rimas* (les contrefaçons barcelonaises ne comptent pas) entre ces deux dates. Mais l'*Arte* pourrait avoir été *composé* avant 1608. J'en conviens, si cependant un détail de ce discours ne semblait indiquer le contraire. Lope y avoue quatre cent quatre-vingt-trois *comedias* ; or, ce chiffre, comme l'a remarqué M. von Schack, est plus près du chiffre de cinq cents que Pacheco reconnaît à Lope en 1609 (préliminaires de la *Jerusalem conquistada*) que de celui de deux cent dix-neuf, accusé par Lope lui-même dans la préface du *Peregrino* (1603).

16. On ne sait à quelle académie Lope a voulu faire l'exposé du nouveau système dramatique ; pour ma part, je ne serais pas éloigné de croire que le poète n'a pas entendu s'adresser à aucune compagnie en particulier, mais qu'il parle aux lettrés en général, à ceux qui avaient coutume de se réunir en *academias* pour se lire leurs vers. Une autre question se pose à propos de ce discours. L'*Arte nuevo de hacer comedias en este tiempo* serait-il le seul écrit de Lope sur son art ? Cela n'est pas sûr, et voici pourquoi. Personne, à ma connaissance, n'a pris garde à un passage fort curieux du *Para todos* de Juan Perez de Montalban (imprimé pour la première fois en 1632) qu'il importe de transcrire textuellement : « No hago aqui memoria de los passados, que las han escrito (les *comedias*)... porque frey Lope de Vega Carpio, con la gran noticia que en esta parte tiene, *ha*

*escrito copiosa y científicamente un tratado, solo en abono deste il-
lustrissimo arte y exercicio, a cuya edicion, que saldra muy presto,
me remito »* (*Memoria de los que escriven comedias en Castilla*, à la
fin). Ainsi Montalban, fervent disciple de Lope et son ami intime, annonce, en 1632, comme devant paraître « très prochainement » un
traité copieux et scientifique de son maître sur la *comedia*. Il devait
savoir ce qu'il disait, et il est impossible qu'il ait voulu parler de
l'*Arte nuevo*, imprimé dès 1609, que le disciple connaissait mieux
que personne et qui, de plus, n'est ni copieux ni scientifique. Mais
qu'est-il advenu de ce *tratado* ?

17. C'est aussi, à ce que je vois, l'opinion de Luzan, homme de
goût et de bon sens : « Dexando aparte la *negligencia y poca lima
con que está escrito, y la cantidad de malos versos que tiene* « (*La
Poética*, t. II, p. 63).

18. L'Aristote de Lope est celui de Francesco Robortello d'Udine,
auteur d'un commentaire de la *Poétique* et d'une *Explicatio de comœdia*. Notre Corneille aussi se réclame de l'autorité de cet Italien
du XVIᵉ siècle.

19. Conformément à ce qui est dit ici de la manière ancienne de
Rueda, un poète du XVIIᵉ siècle, grand admirateur de Lope, Salas
Barbadillo a dénommé *comedias antiguas* les intermèdes qu'il a com-
posés. Dans ses *Coronas del Parnaso y platos de las Musas* (Madrid, 1635), la partie des *entremeses* s'annonce ainsi : « Quatro comedias antiguas*, que el vulgo de España llama entremeses. » *Comedia
antigua* par opposition à la *comedia nueva* de Lope et son école. C'est
donc à tort que M. Menéndez Pelayo (*Historia de las ideas estéticas
en España*, t. II, p. 442) pense que Salas Barbadillo, lorsqu'il dit
quelque part qu'il a voulu « observar del *arte antiguo* todo aquello
que no fuesse áspero ni desapacible para el siglo que corre », fasse
allusion à l'art des anciens, à l'art classique : par *arte antiguo*,
comme par *comedia antigua*, il entend la vieille manière espagnole,
celle de Rueda, celle aussi des *Célestines*.

20. En ce qui concerne Juan de la Cueva, on ne voit pas très bien
si Lope a évité de le nommer, considérant les tragicomédies de cet
auteur comme une faute envers l'art, ou si, au contraire, il n'a pas
voulu lui faire, en le citant, l'honneur de cette innovation, payant
par cette omission le silence presque injurieux de la Cueva, qui dans
son *Egemplar poético* (achevé de composer en 1606, mais non imprimé) n'avait pas dit un mot de Lope. Il est remarquable aussi que
le nom de la Cueva ne figure pas dans le *Laurel de Apolo*, où défi-
lent, comme on sait, à peu près tous les *ingenios* d'Espagne, depuis
les vraiment grands jusqu'au plus menu fretin.

21. Lope ne parle pas du tout de l'unité de lieu, mais, en revanche,
il recommande quelque part de laisser le moins possible la scène vide.

22. Et Lope ajoute qu'il lui arriva aussi « à l'âge de onze ou douze ans » de composer des *comedias* en quatre actes. Cette division, qui succédait à la forme classique des cinq actes conservée par Torres Naharro, est celle de Juan de la Cueva, qui s'en déclare l'initiateur (*el un acto de cinco le he quitado*), de même qu'il prétend avoir le premier introduit sur la scène comique « des rois et des divinités. »

23. On sait, depuis Moratin, que le premier Espagnol qui ait eu l'idée de la division en trois actes est un nommé Francisco de Avendaño, auteur d'une *comedia* imprimée en 1553. Cervántes, lui, s'est vanté à deux reprises (préface de ses *Comedias* et prologue du *Rufian dichoso*) d'avoir « réduit à trois les cinq actes » de l'ancienne comédie, mais il oublie la première *réduction* de Juan de la Cueva, et il oublie que lui-même a composé en quatre actes sa *Numancia*.

24. « Suspendre l'intérêt » : l'expression revient souvent chez les auteurs espagnols de cette époque. « La *suspension hasta el fin...* Que conocer al principio Los sucesos del fin della (de la *comedia*) Ni es de mano artificiosa Ni es de obra de ingenio llena » (*Romance á un licenciado que deseaba hacer comedias*, par Carlos Boil, dans *Norte de la poesia española*, Valence, 1616) ; et José Pellicer loue Perez de Montalban d'avoir su « tenir le public indécis, indifférent et neutre jusqu'à la seconde scène du troisième acte, qui est le moment où il commençait à débrouiller le labyrinthe » (*Idea de la comedia de Castilla*, dans *Lágrimas panegíricas á la temprana muerte del gran poeta... D*or *Juan Perez de Montalban*, Madrid, 1639). Ce Montalban lui-même, dans le prologue du tome premier de ses *Comedias* (Alcalá, 1638) observe qu'au théâtre « la tournure de la dame, la prestance du premier rôle, la cadence des mots, la musique des rimes et la *suspension des sentimens* (*afectos*) trompent les oreilles les plus attentives » et font passer sur bien des défauts de pensée et de style.

25. La *lira*, strophe de cinq ou six vers, la *silva*, combinaison libre de vers de onze et de sept syllabes généralement à rimes plates, etc.

26. Douze *pliegos*, c'est-à-dire quarante-huit feuillets, du format in-quarto moyen, le *pliego* (nommé aussi *duerno*) se composant de quatre feuillets. Lope parle ailleurs (*Peregrino en su pátria*, éd. de 1618) « de cinquante *hojas* », ce qui revient à peu près au même. Douze cahiers ou quarante-huit feuillets, c'est en effet depuis Lope la dimension régulière et constante de la *comedia*. Quevedo dans sa fantaisie satirique intitulée : *El entretenido, la dueña y el soplon*, fait dire au *poeta de los pícaros* : « ¿Está mejor ocupado un ingenio en gastar *doce pliegos* de papel de entradas y salidas y marañas para casar un lacayo sin amonestaciones ? » (Ed. Fernandez-Guerra, t. I, p. 372). Lorsque Lope et Montalban, qui collaboraient ensemble à la *Tercera órden de San Francisco*, durent, pressés par le temps (ils avaient en tout trois jours pour écrire la comedia et la faire répéter), se partager

le troisième acte, « chacun de nous, dit Montalban, écrivit ses *huit feuillets* » : l'acte entier en avait donc seize et les trois quarante-huit. Une *comedia*, qui dépasse le nombre traditionnel de douze cahiers, est **tenue** pour longue : « Consideró el auditorio que si con estos versos continuaba el referir *una larga comedia de quince pliegos*, que seria darles á cada uno un tabardillo. » (Castillo Solorzano, *La garduña de Sevilla*, éd. Rivadeneyra, p. 233). Ces douze cahiers s'entendent non du texte imprimé, mais du texte écrit, et en effet tel est généralement le volume des manuscrits de *comedias* que conservent nos bibliothèques. Traduite en lettres de forme, la *comedia* ne couvrait plus guère qu'une vingtaine de feuillets : Perez de Montalban se plaint des imprimeurs, qui « pour économiser le papier, la mettent en quatre *pliegos*, quand il lui en faudrait huit » (Prologue de ses *Comedias*, Alcalá, 1638).

27. Le *cientifico*, selon Lope, est l'homme qui a fait ses humanités, qui s'est, pour parler à l'espagnole, baigné dans les eaux du Tórmes ou du Henáres, qui a passé par les grands collèges ou l'université. Ainsi Cervántes n'était pas un *cientifico*, et Lope le lui a fait entendre (Prologue de sa nouvelle *Las fortunas de Diana*), il n'était qu'un simple *lego* (*laïcus*). Ces lettrés de culture latine (ou italienne), Ricardo de Turia, dans son Apologie des *comedias*, les nomme « *les mécontents*, secte de beaux esprits, qui prouvent la supériorité de leur doctrine et de leur talent en recevant avec des nausées tout qui a le malheur de s'offrir à leur censure ». C'est évidemment en réponse aux jugements dédaigneux de ces humanistes que le philistin, quoique docteur, Juan Perez de Montalban (celui que Quevedo nommait plaisamment *retacillo de Lope de Vega*) a qualifié quelque part la *comedia* de « nobilissimo y *cientifico* arte » (*Memoria de los que escriven comedias en Castilla*, article de Mira de Amescua).

28. Dédicace de *Virtud, pobreza y mujer* (*Parte XX*, Madrid, 1625).

29. Par exemple dans le prologue de la *Parte IX* (Madrid, 1618).

30. *Parte XIII*, Madrid, 1620.

31. « He seguido con mas gusto el agradecimiento provechoso que la opinion dudosa » (*Parte XVII*, Madrid, 1622).

32. La variété des personnes et la copie fidèle de leurs allures (surtout celles des classes inférieures), voilà ce qui étonnait et charmait les contemporains de Lope. « La introducion de las personas graves en Lope y el decoro, por la mayor parte, es singular, y singularissima la de las personas humildes. Todas las vezes (y son casi inumerables) que introduxo villanos de todos oficios, no puso figuras en el tablado, sino los propios villanos » (Prologue de la *Parte XXIII*, posthume, Madrid, 1638).

33. *Egloga á Claudio*, dans les *Obras sueltas* de Lope, t. IX, p. 355 et suiv.

34. *Don Quixote*, part. I, ch. 48. « ¿ Qué mayor disparate puede ser, en el sujeto que tratamos, que *salir un niño en mantillas en la primera escena del primer acto, y en la segunda salir ya hecho hombre barbado ?* » De là les vers de l'*Art poétique*. « Là souvent le héros d'un spectacle grossier, *Enfant au premier acte, est barbon au dernier.* » Le premier auteur qui ait fait ce rapprochement me semble être Martinez de la Rosa (*Obras literarias*, édit. de Paris, 1845, p. 212), et ce critique nous apprend encore que Cervántes n'a pas inventé cet enfant et ce barbon, car on retrouve la même idée et la même expression dans un livre du xvie siècle, la *Filosophia antigua poética* de Lopez Pinciano.

35. Prologue des *Comedias* de Cervántes (1615).

36. Tirso de Molina, *Cigarrales de Toledo*, éd. de Barcelone, 1631, f. 70.

37. Velez de Guevara, *El diablo coxuelo*, éd. Rivadeneyra, p. 29 b.

38. Enriquez Gomez, Prologue du *Samson Nazareno*; dans La Barrera, *Catálogo*, p. 135.

39. *Apologético de las comedias españolas.*

40. Dans le *Curioso impertinente*, publié pour la première fois en 1621.

41. L'expression est déjà dans Luzan, que je me plais à citer parce que les critiques espagnols de nos jours, qui sont loin de le valoir, affectent de le traiter de perruque; Luzan donc a parfaitement vu que « la Dramática Española se debe dividir en dos clases, *una popular, libre*, sin sujecion á las reglas de los antiguos, que nació, echó raices, creció y se propagó increiblemente entre nosotros; y otra que se puede llamar erúdita porque solo tuvo aceptacion entre hombres instruidos » (*La Poética*, t. II, p. 5). Cette seconde espèce, la poésie érudite, ne compte, on le sait, aucune pièce représentable.

42. J'ai fait allusion plus haut à ce troisième acte de la *Tercera órden de San Francisco*, que se partagèrent Lope et Montalban pour aller plus vite. On était au soir, le directeur du théâtre de la Cruz se désespérait, il lui fallait absolument sa *comedia* pour le lendemain. Montalban resta à coucher chez Lope et pour ne pas se laisser gagner de vitesse se leva à deux heures du matin : à onze heures il avait terminé sa partie. Il sortit alors pour voir où en était son ami et fut bien surpris de trouver Lope dans son jardin en train d'examiner un oranger qui se gelait. « Et comment va notre *comedia ?* — A cinq heures, répondit Lope, j'ai commencé à écrire, et il y a une heure que mon acte est fini; j'ai déjeuné d'une tranche de lard, j'ai composé une épître de cinquante tercets et j'ai arrosé tout ce jardin, ce qui ne

m'a pas peu fatigué. » Puis tirant un rouleau de sa poche, il lut à Montalban sa partie d'acte et les tercets (*Fama postuma de Lope, Obras
sueltas*, t. XX, p. 52). Une autre fois Lope renonce à composer une
comedia sur la fête du Rosaire, parce qu'il n'avait pas trouvé le sujet
à son goût : « Faites-la faire au vol (*mande que se escriba al vuelo*)
écrit-il alors au comte de Lemos, comme celle que j'ai composée sur
l'Immaculée Conception à la demande de l'université de Salamanque
et qui a obtenu un si grand succès » (*Obras sueltas*, t. XVII, p. 402).
Et je ne parle pas des *comedias de repente*, impromptus académiques;
c'est encore un genre à part.

43. Par faiblesse du style j'entends la platitude de l'expression,
cette langue diffuse et sans vigueur, cette abondance brillante et
pompeuse, mais si vide et si vague! enfin, et plus souvent qu'on ne
croit, l'incorrection grammaticale. Du parler hyberbolique et amphi-
gourique, *gongorisme* ou *cultisme*, qui exerça de terribles ravages
dans la *comedia* comme ailleurs, de toutes les pointes de mauvais
goût, il n'y a trop rien à dire : toute langue, toute nation ont eu leur
phébus, et notre tragédie si correcte, si haut chaussée, n'en est pas
toujours libre. Sur ce point donc les auteurs de *comedias* ne sont qu'à
demi responsables, contraints qu'ils étaient par métier de suivre une
mode absurde.

44. « Prueba concluyente de la exactitud de estas críticas negati-
vas (il s'agit des jugements sévères portés par les écrivains du
xviiie siècle sur l'ancien théâtre), es que la mayor parte de las obras
maestras de nuestro antiguo teatro no pueden presentarse hoy en la
escena sin un arreglo prévio, que ha recibido el nombre por demas
significativo de *refundicion*. Aplauso, y no escaso, han merecido
poetas contemporáneos por haber refundido obras del antiguo teatro;
es decir, por haber vaciado en moldes correctos un metal riquísimo,
separando préviamente las escorias que lo afeaban. » (*Discurso leido
ante la R. Academia Española*, par D. Manuel Silvela, le 25 mars 1871;
Memorias de la Academia Española, t. III, p. 284).

45. Tout au commencement de ce siècle l'arrangeur en titre était
D. Cándido Maria Trigueros, qui a refondu plusieurs drames de Lope
et qui a eu la naïveté d'expliquer dans des préfaces le pourquoi de
ses remaniements. Rien n'est comique comme de le voir aux prises
avec une de ces anciennes pièces qu'il s'efforce de réduire à la formule
française des trois unités et des cinq actes, coupant par-ci, ajoutant
par-là, car il ajoutait aussi, le malheureux ! « On a fait en sorte que la
nouvelle versification ne déparât pas l'ancienne. » Ce Don Cándido por-
tait un nom prédestiné. Parmi les refondeurs plus modernes, il suffit
de citer le poète de talent et correct écrivain, D. Juan Eugenio
Hartzenbusch.

Chartres. — Imp. Durand, rue Fulbert.

www.ingramcontent.com/pod-product-compliance
Lightning Source LLC
LaVergne TN
LVHW012252050726
842524LV00004B/1130

9782013603553